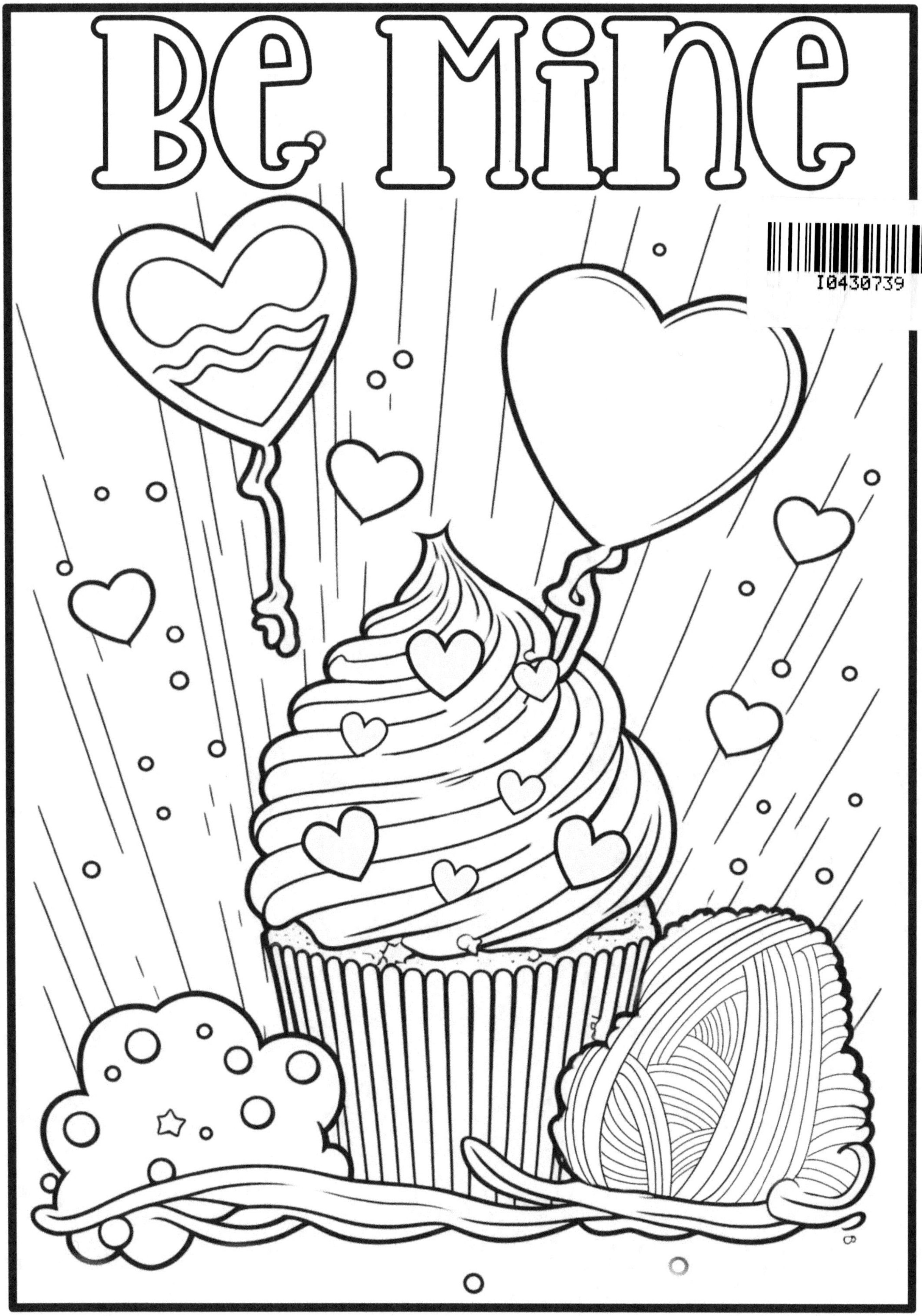
Be Mine

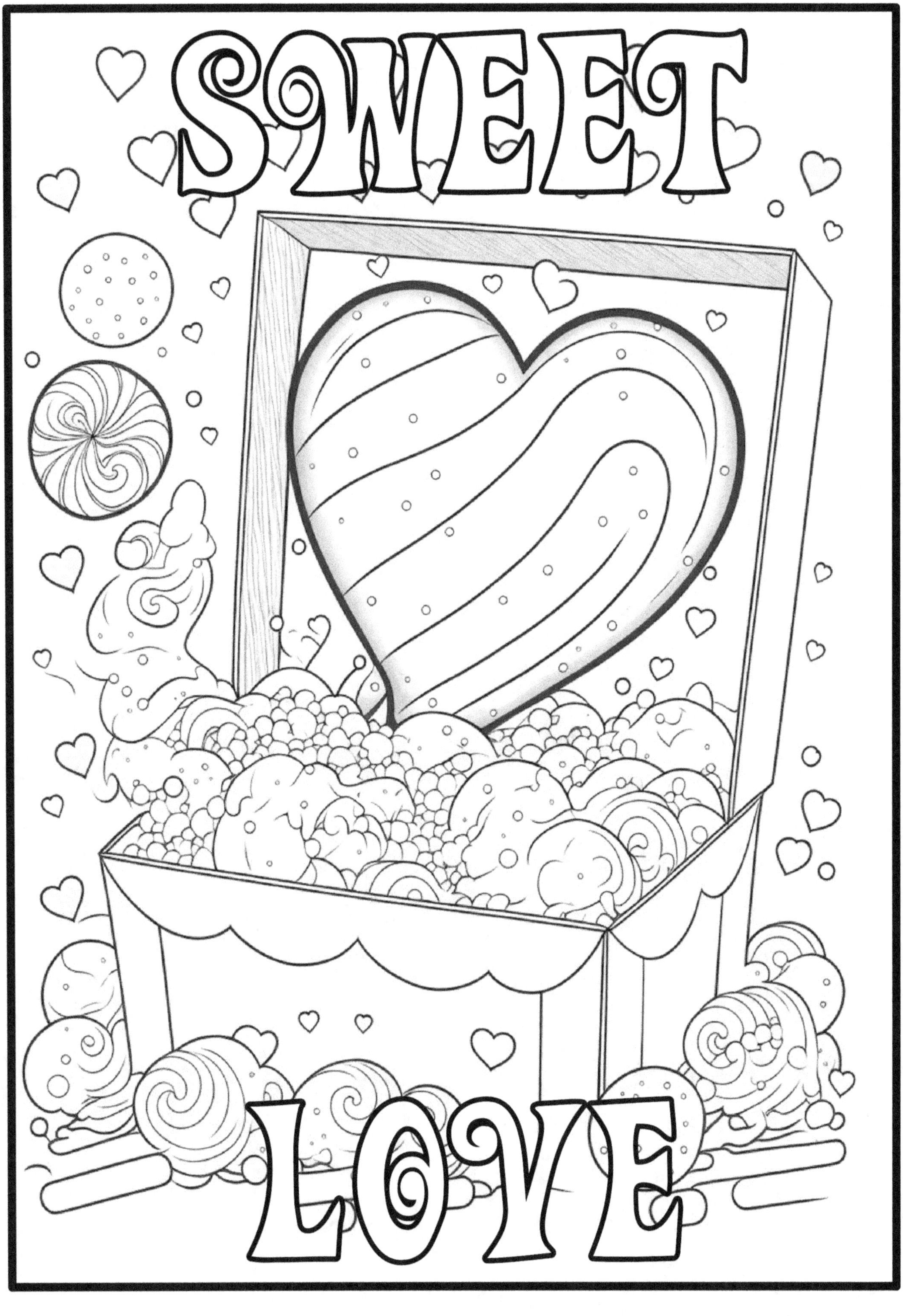
SWEET
LOVE

Be Mine

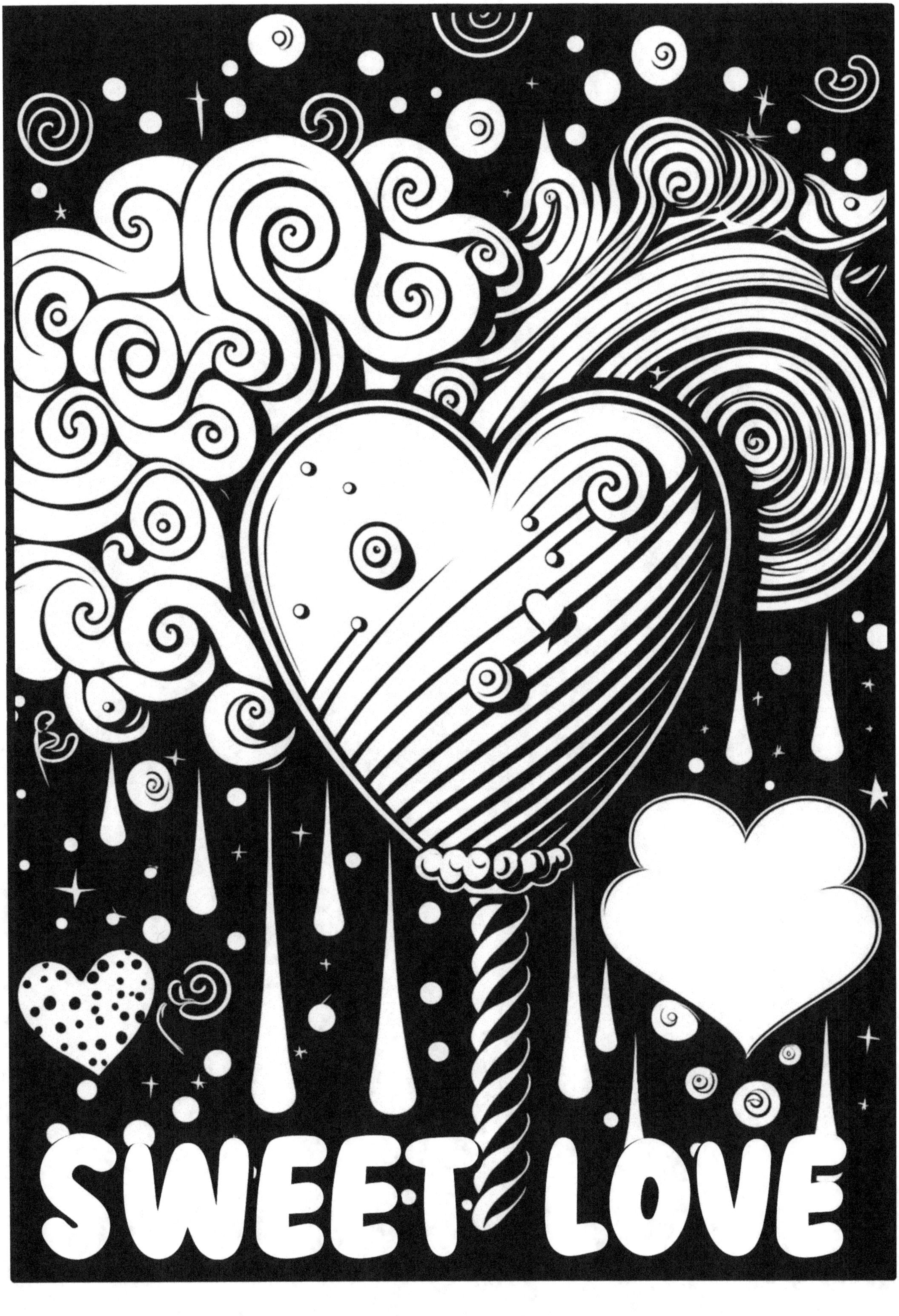
SWEET LOVE

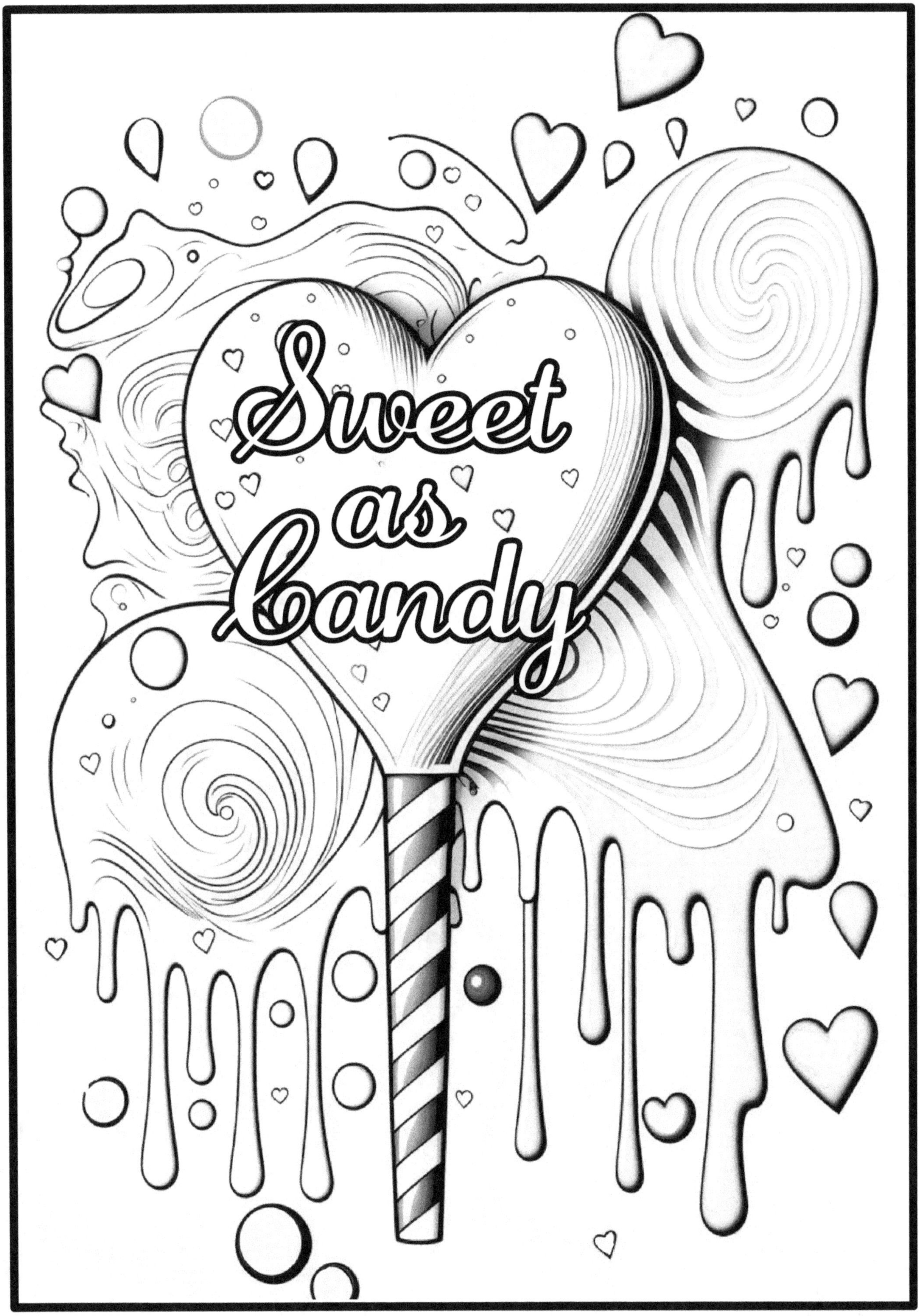
Sweet
as
Candy

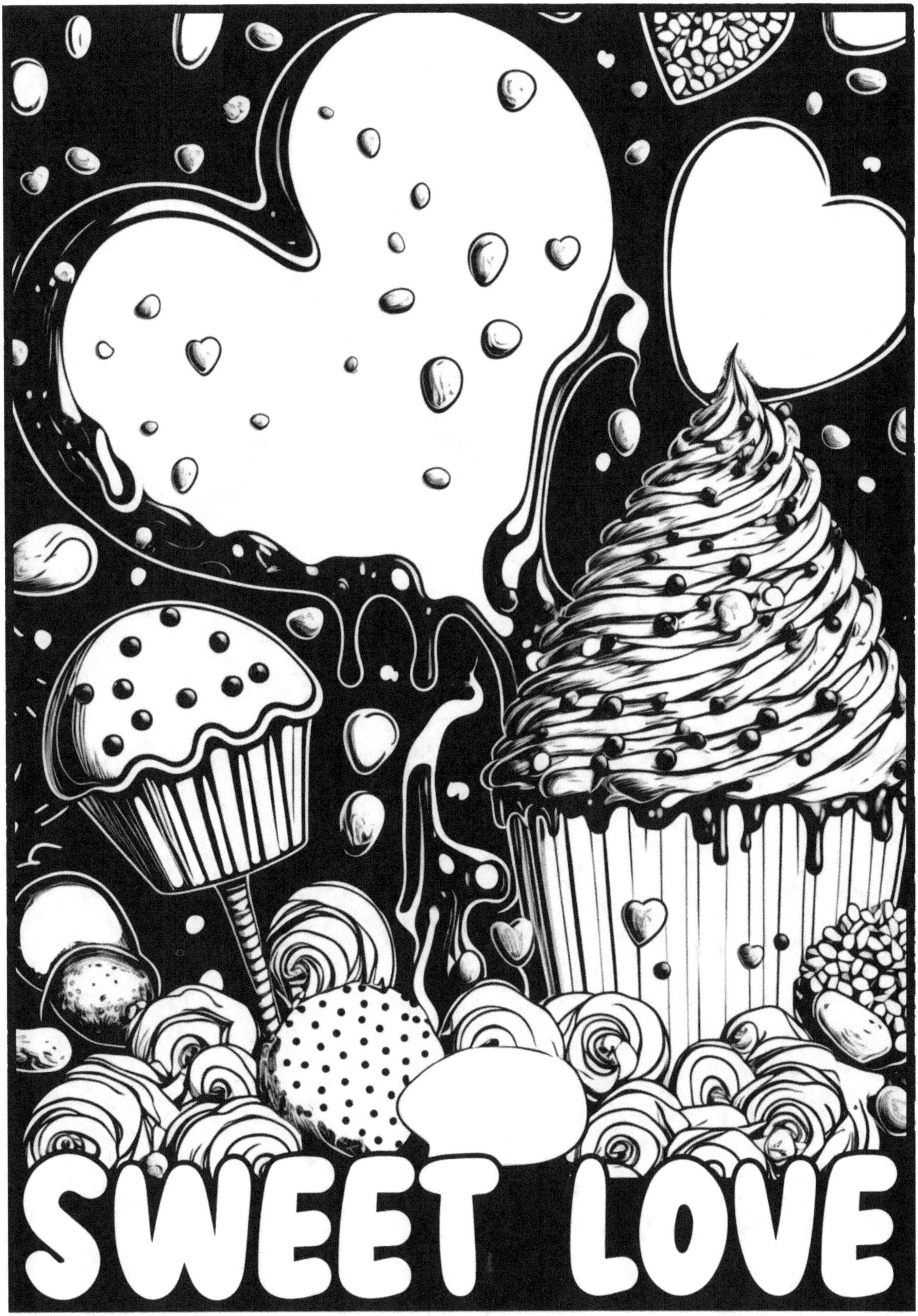
SWEET LOVE

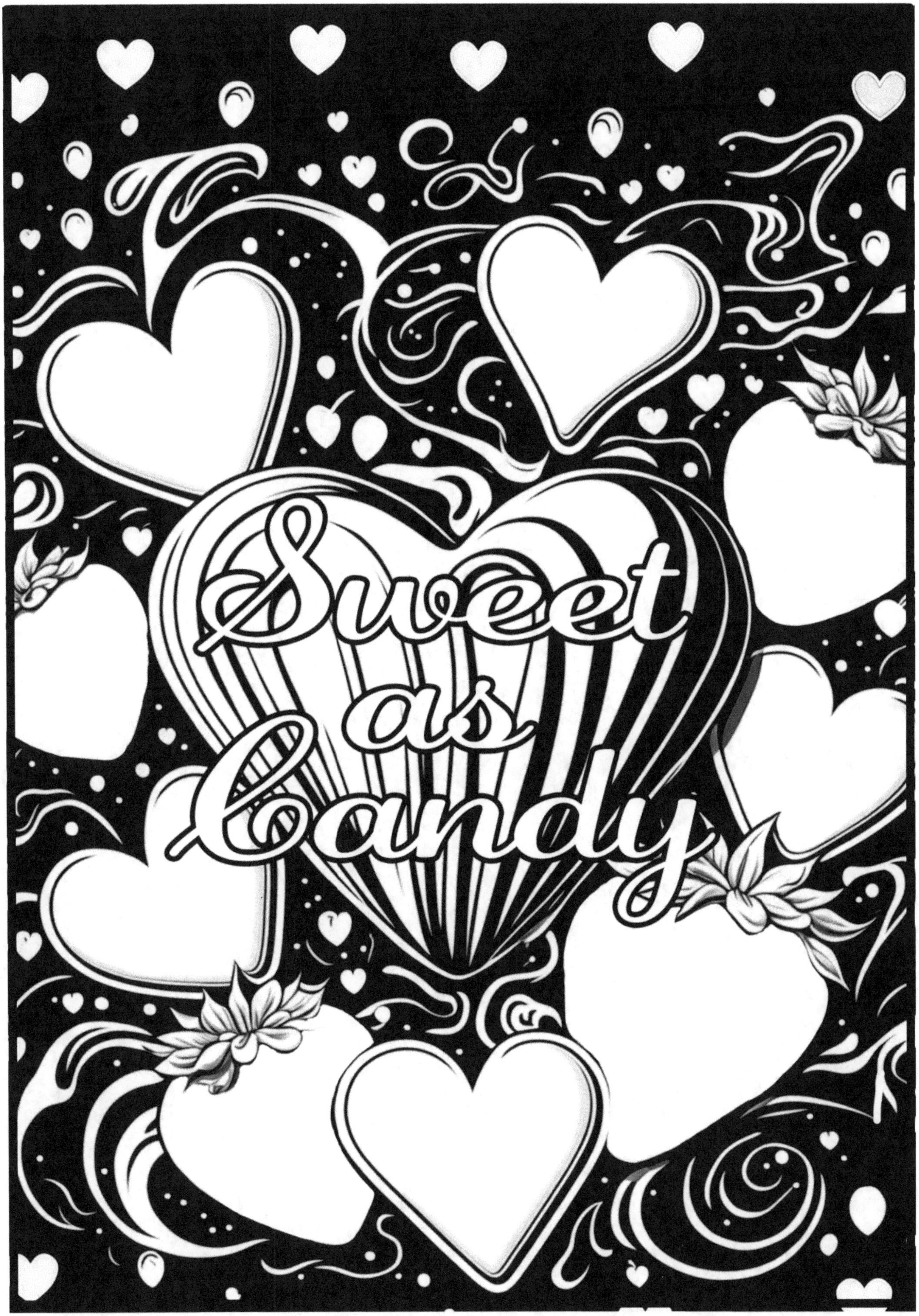
Sweet
as
Candy

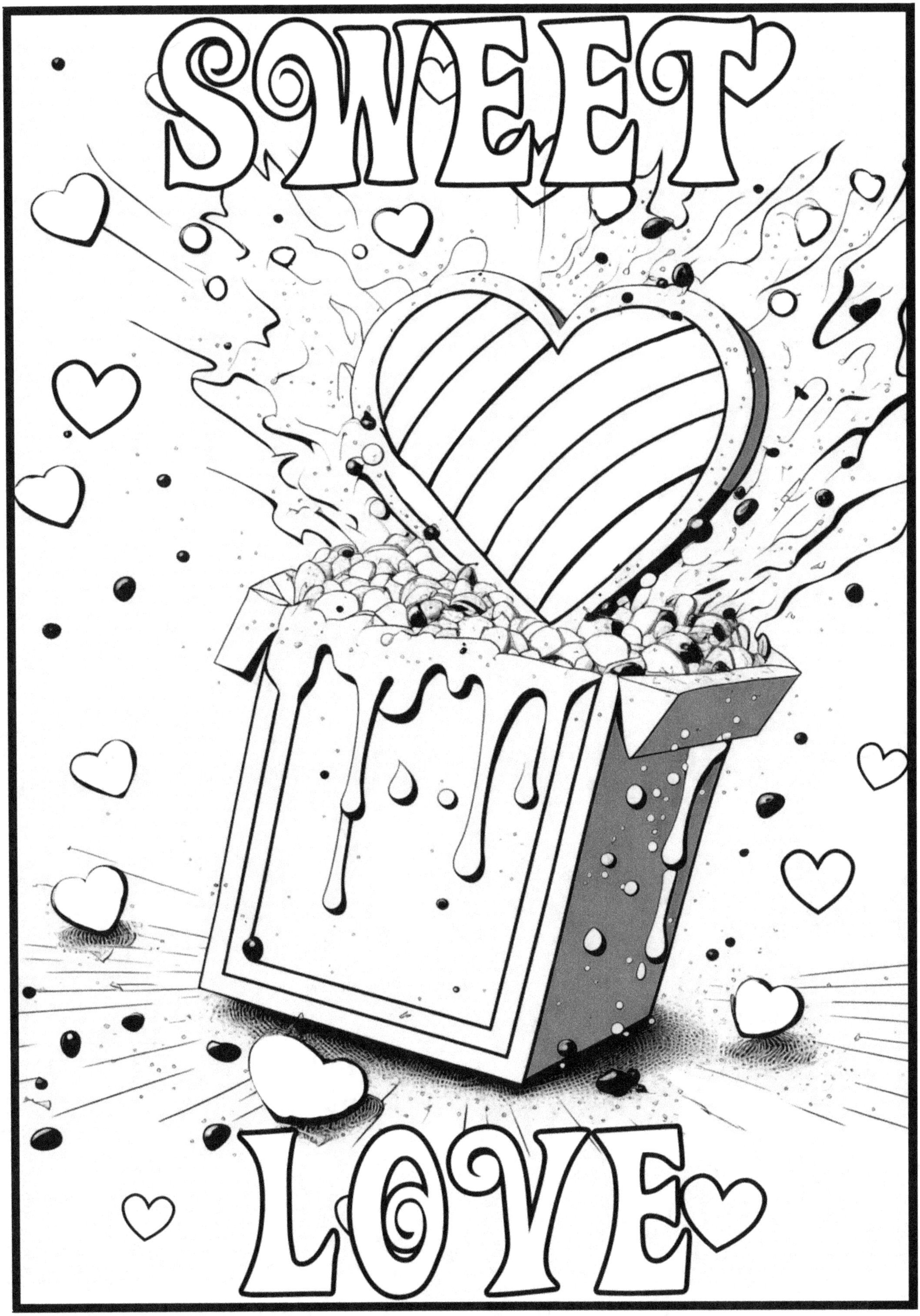
SWEET
LOVE

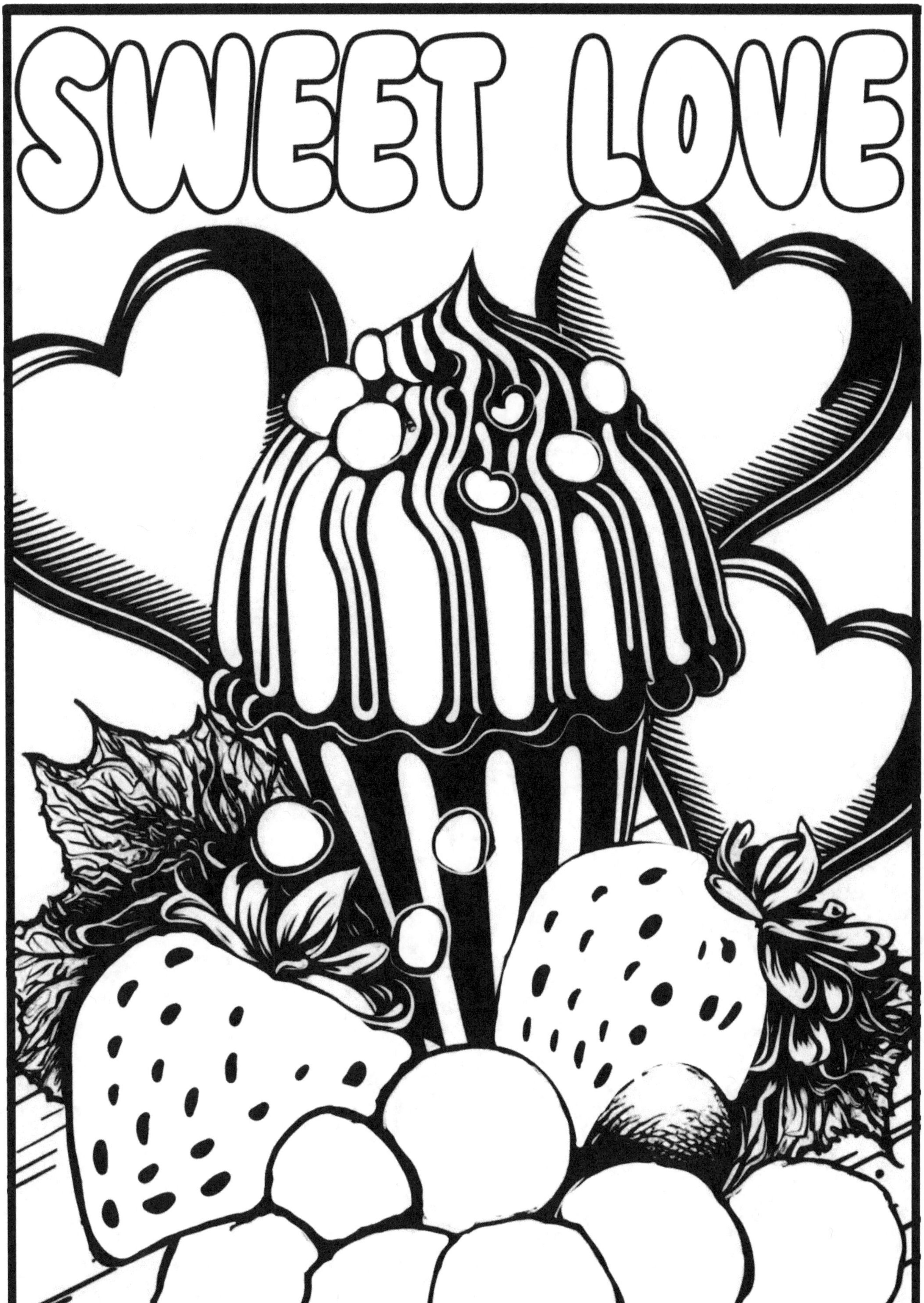
SWEET LOVE

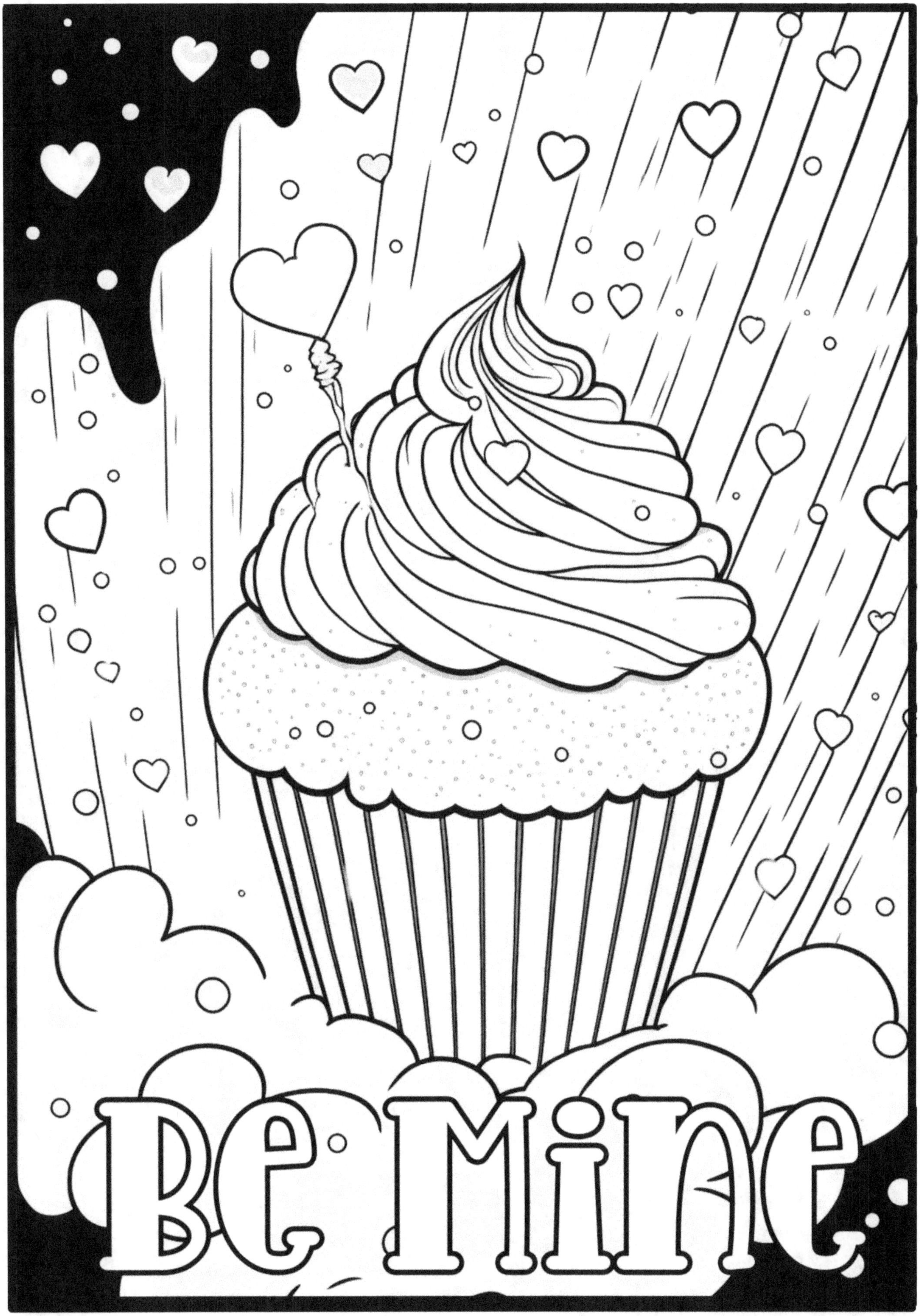
Be Mine

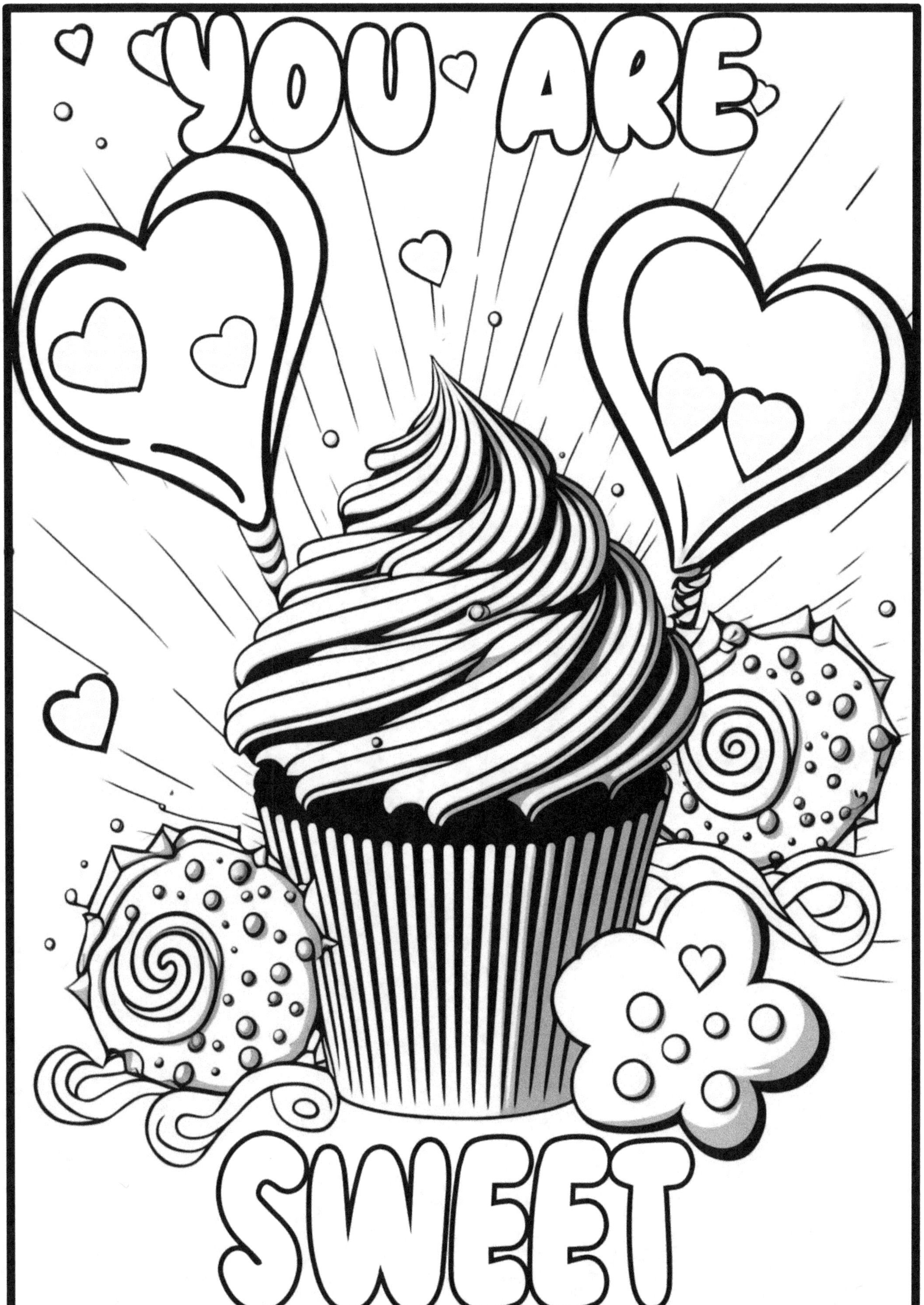
YOU ARE
SWEET

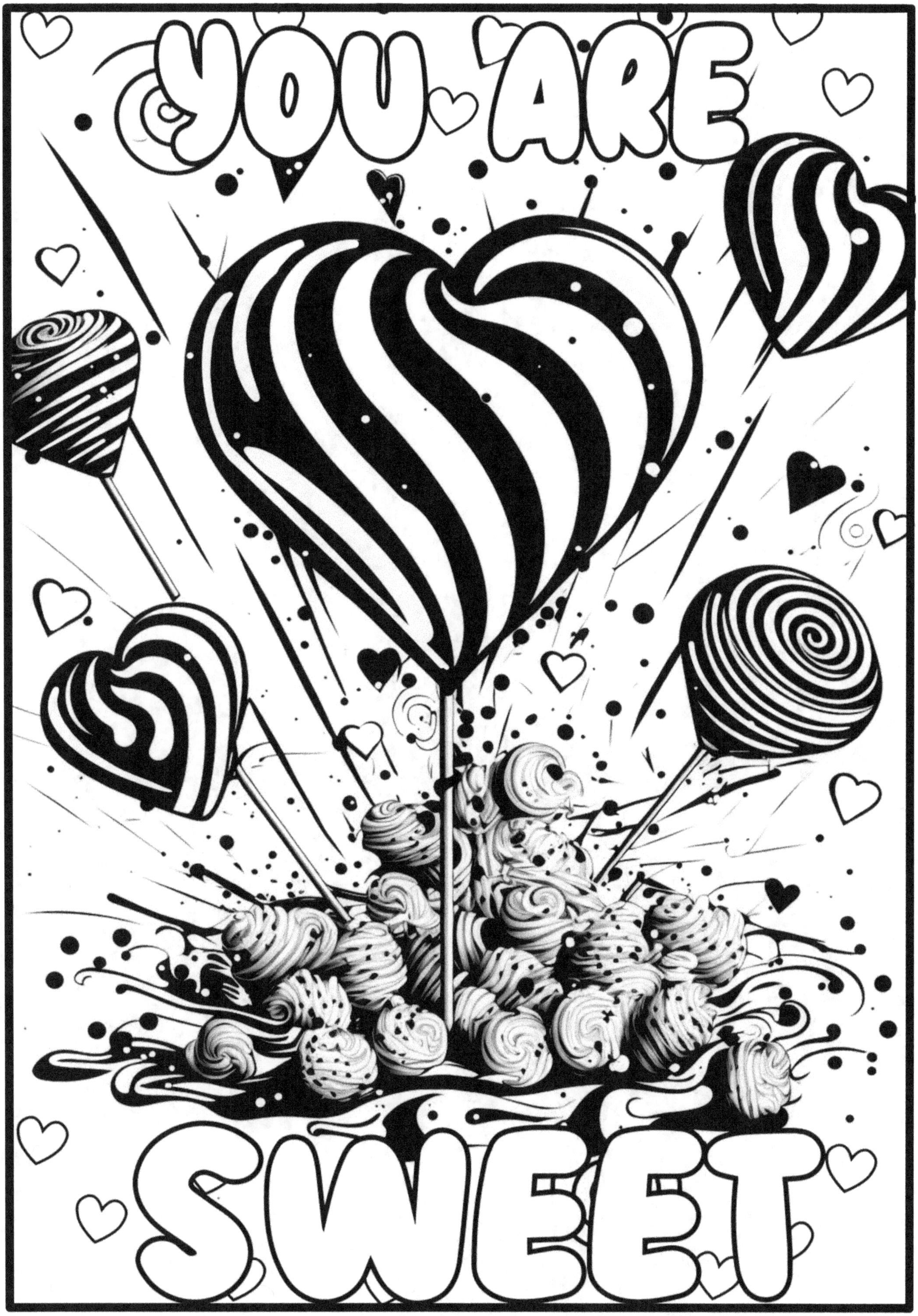
YOU ARE
SWEET

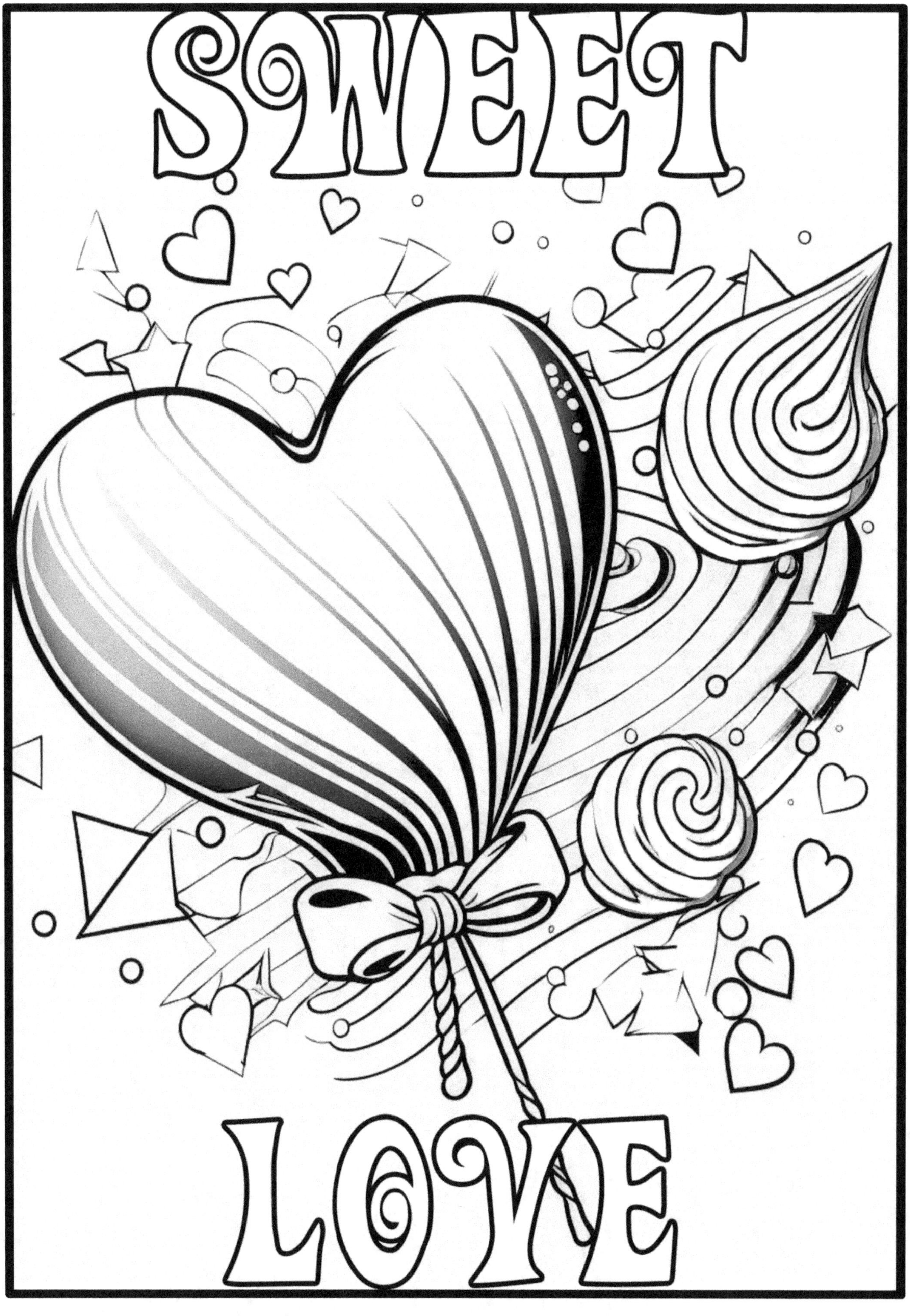
SWEET
LOVE

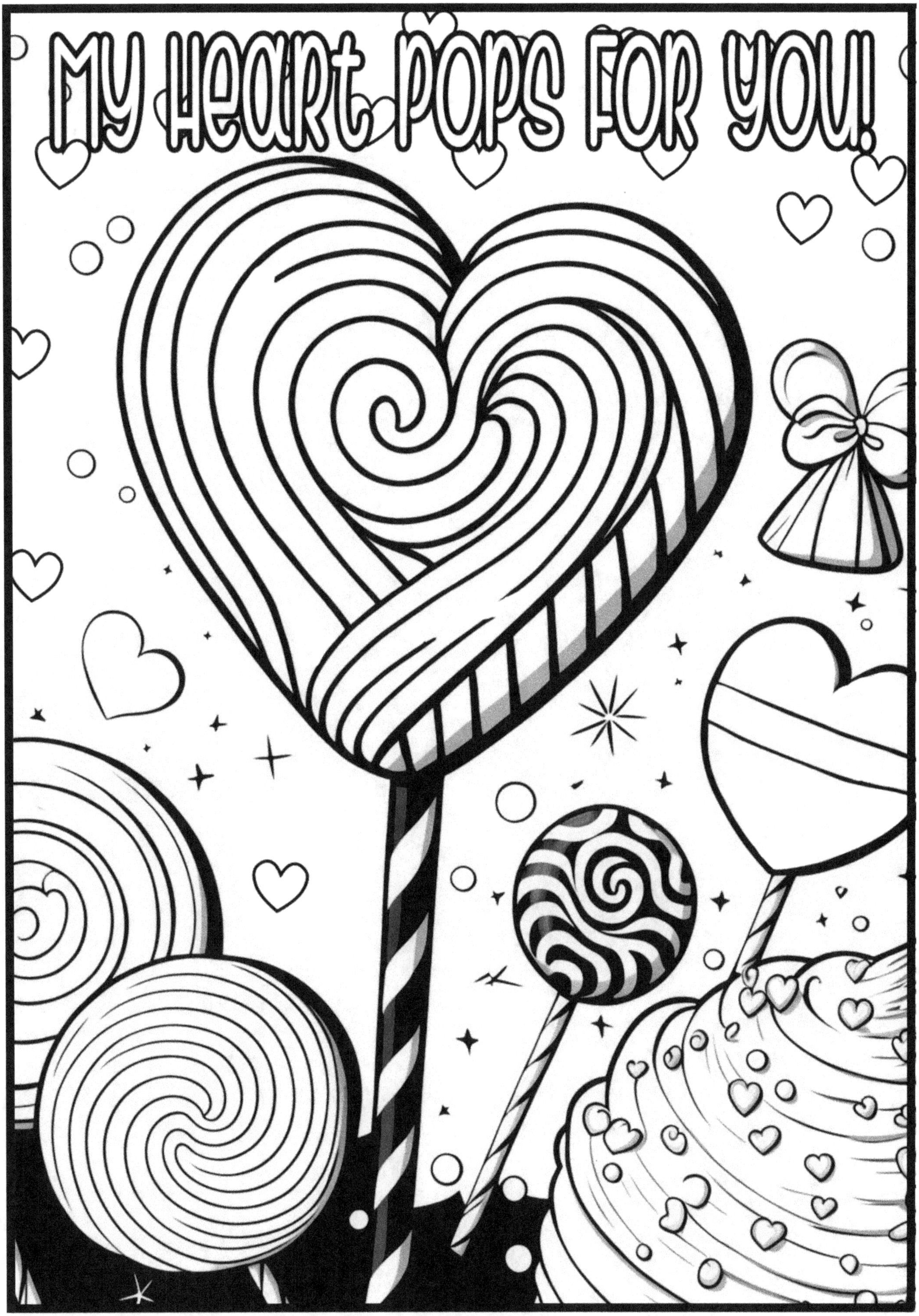
My Heart Pops For You!

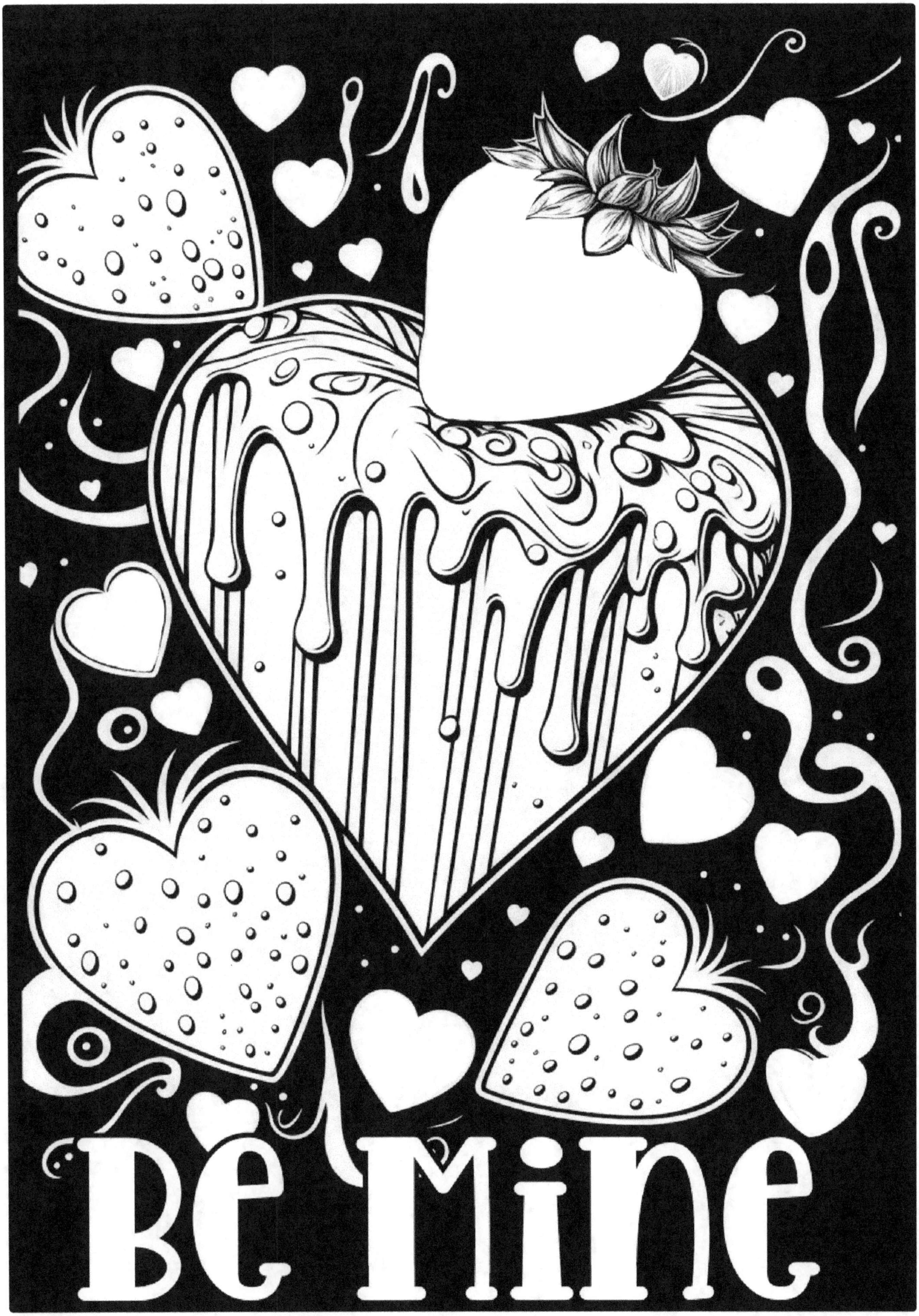
Be Mine

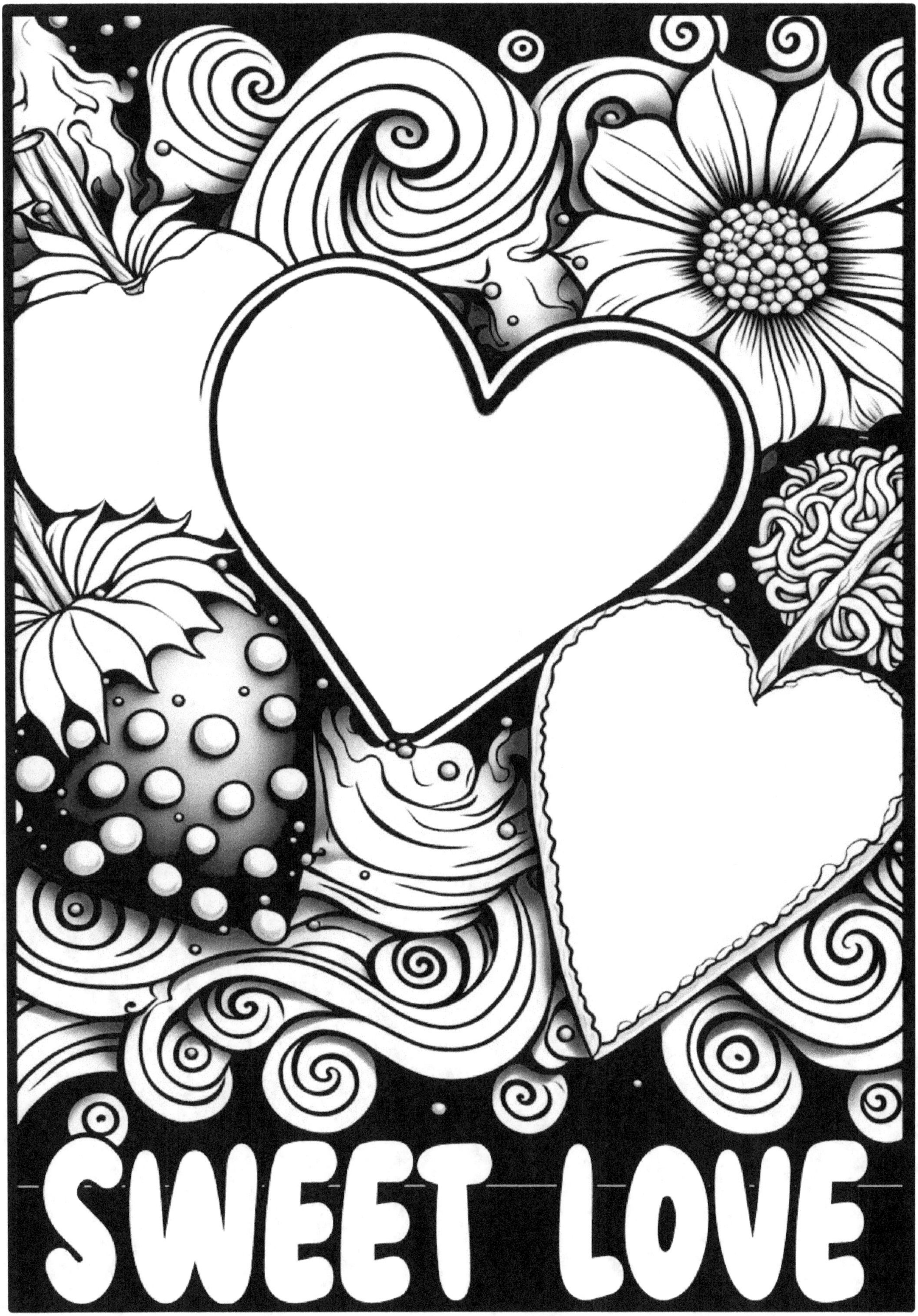
SWEET LOVE

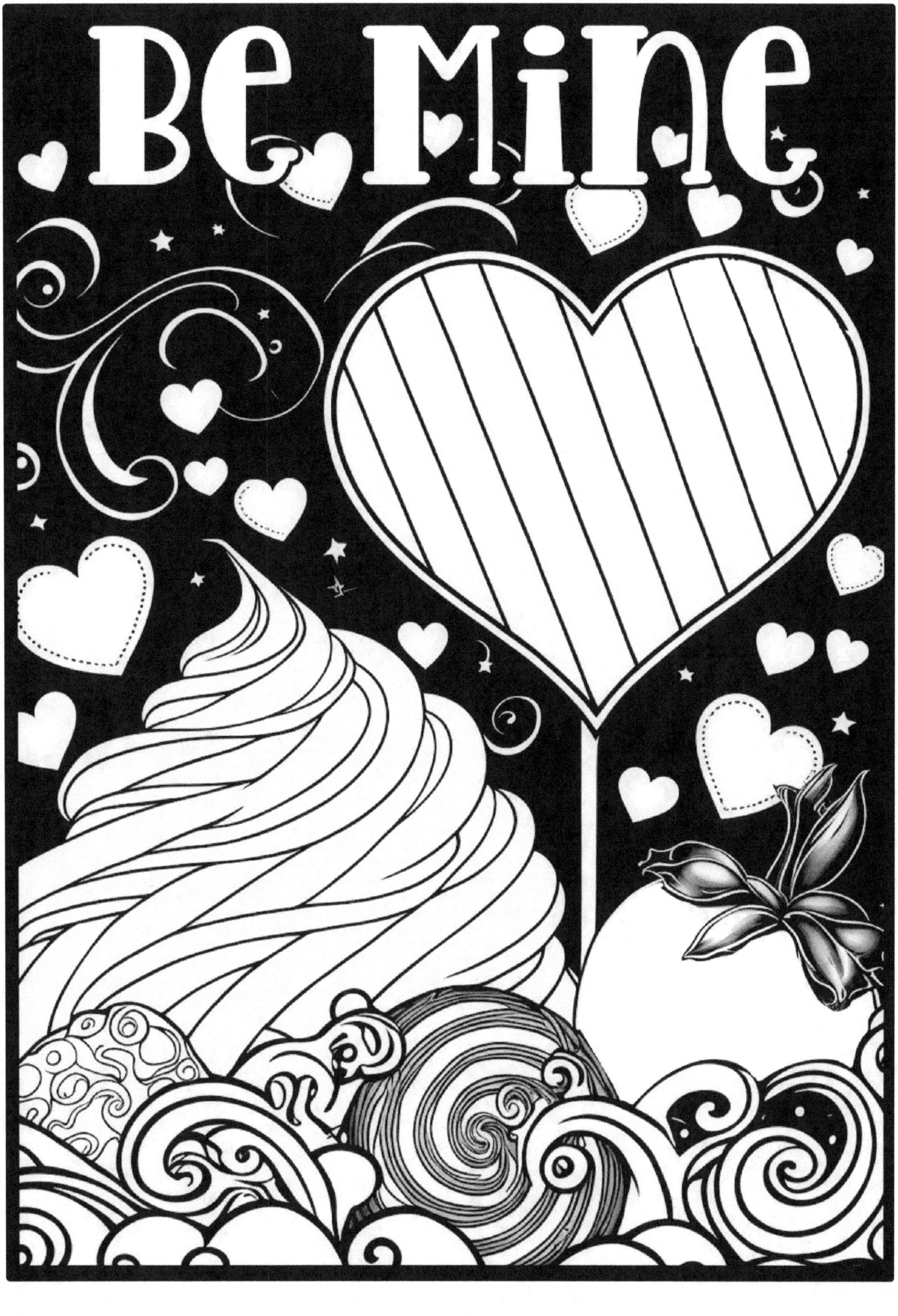
Be Mine

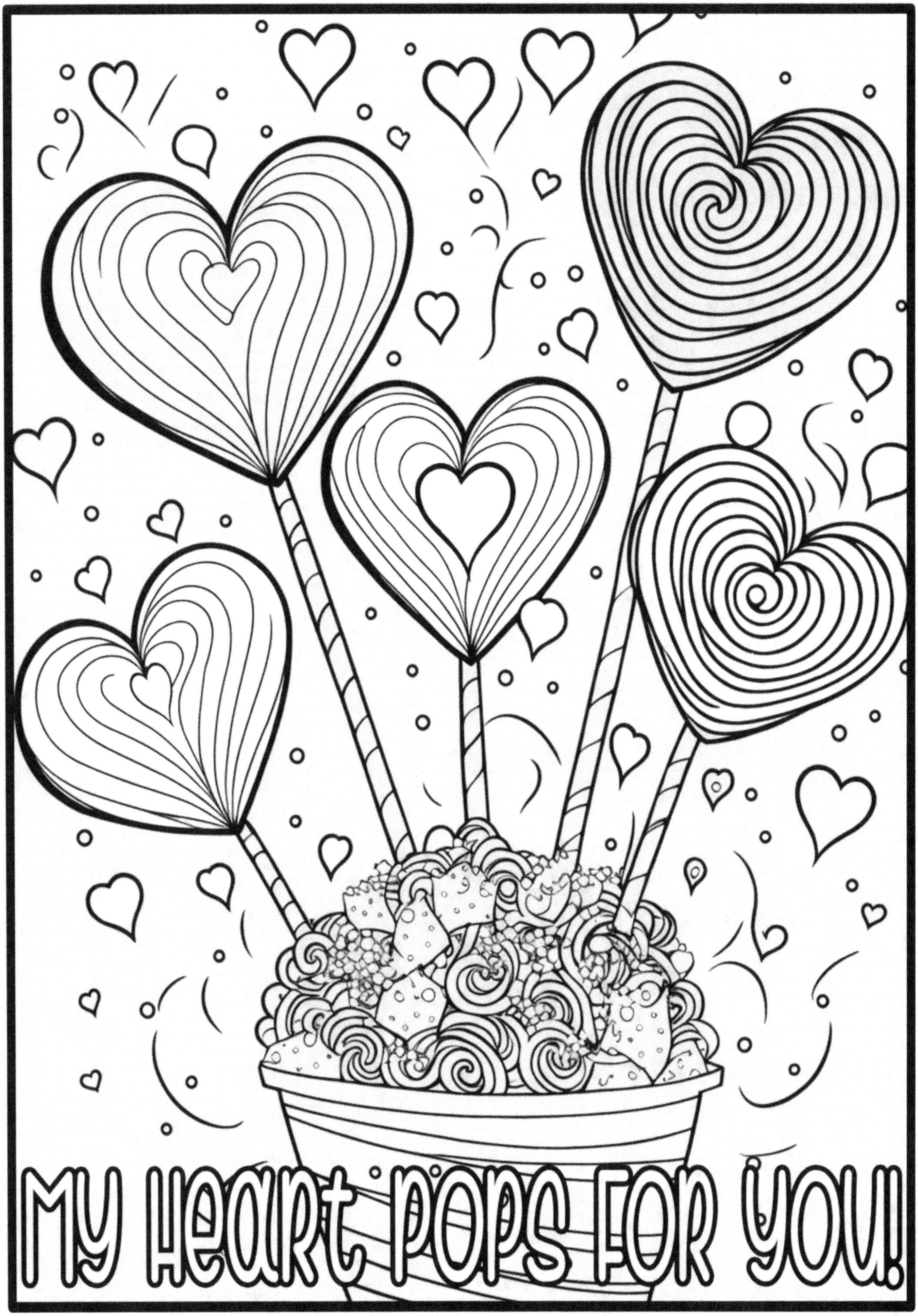
MY HEART POPS FOR YOU!

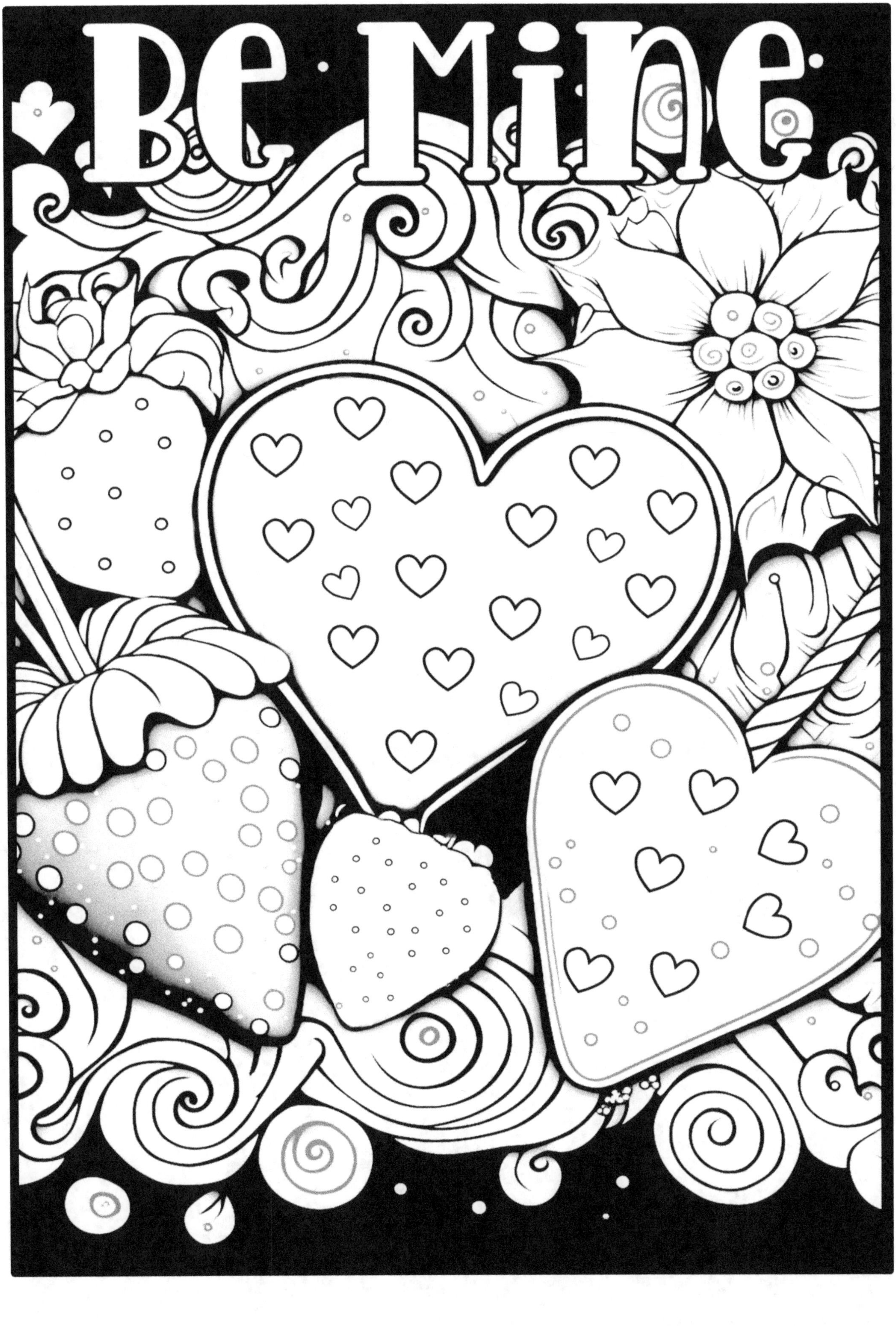
Be Mine

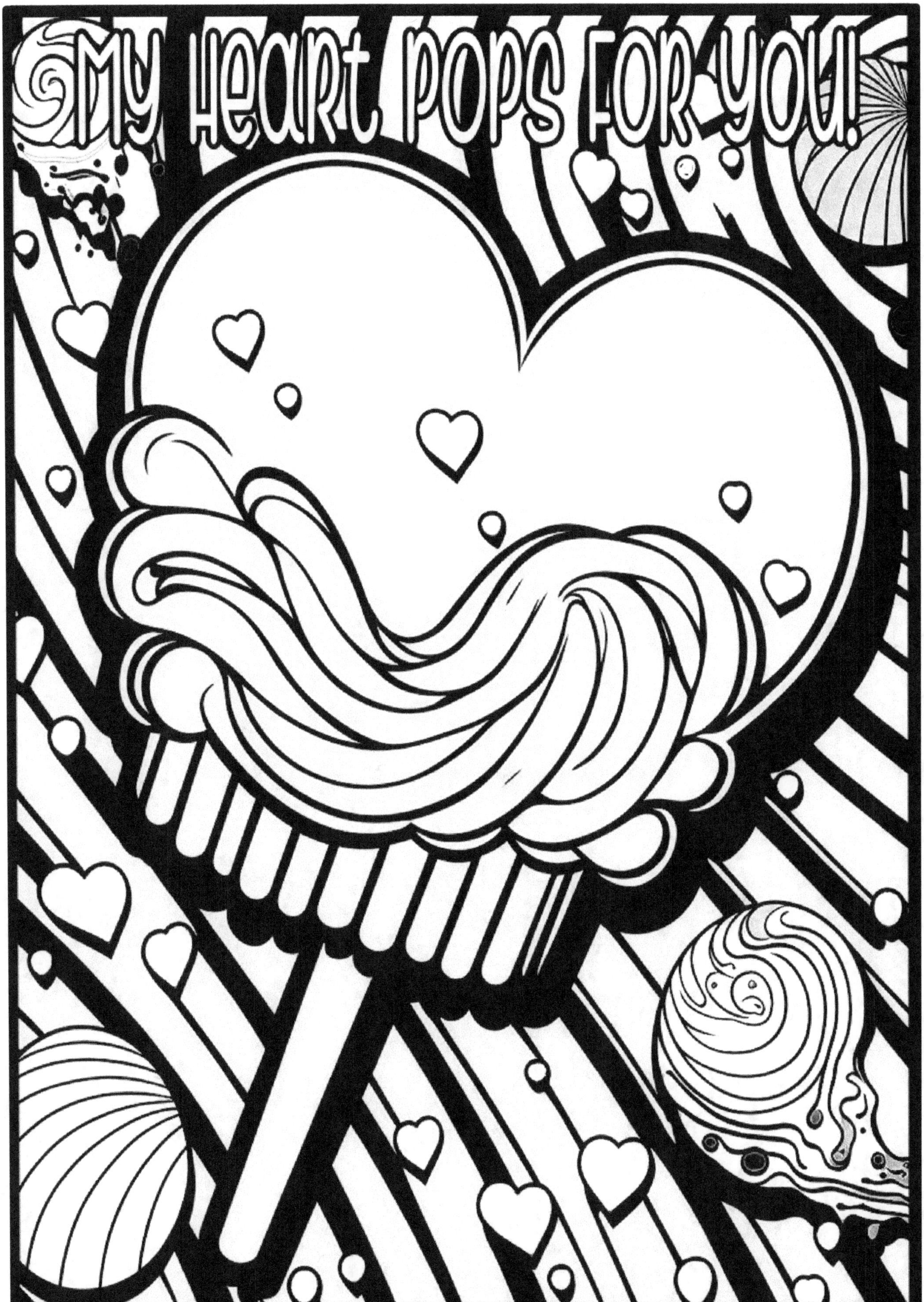
My Heart Pops For You!

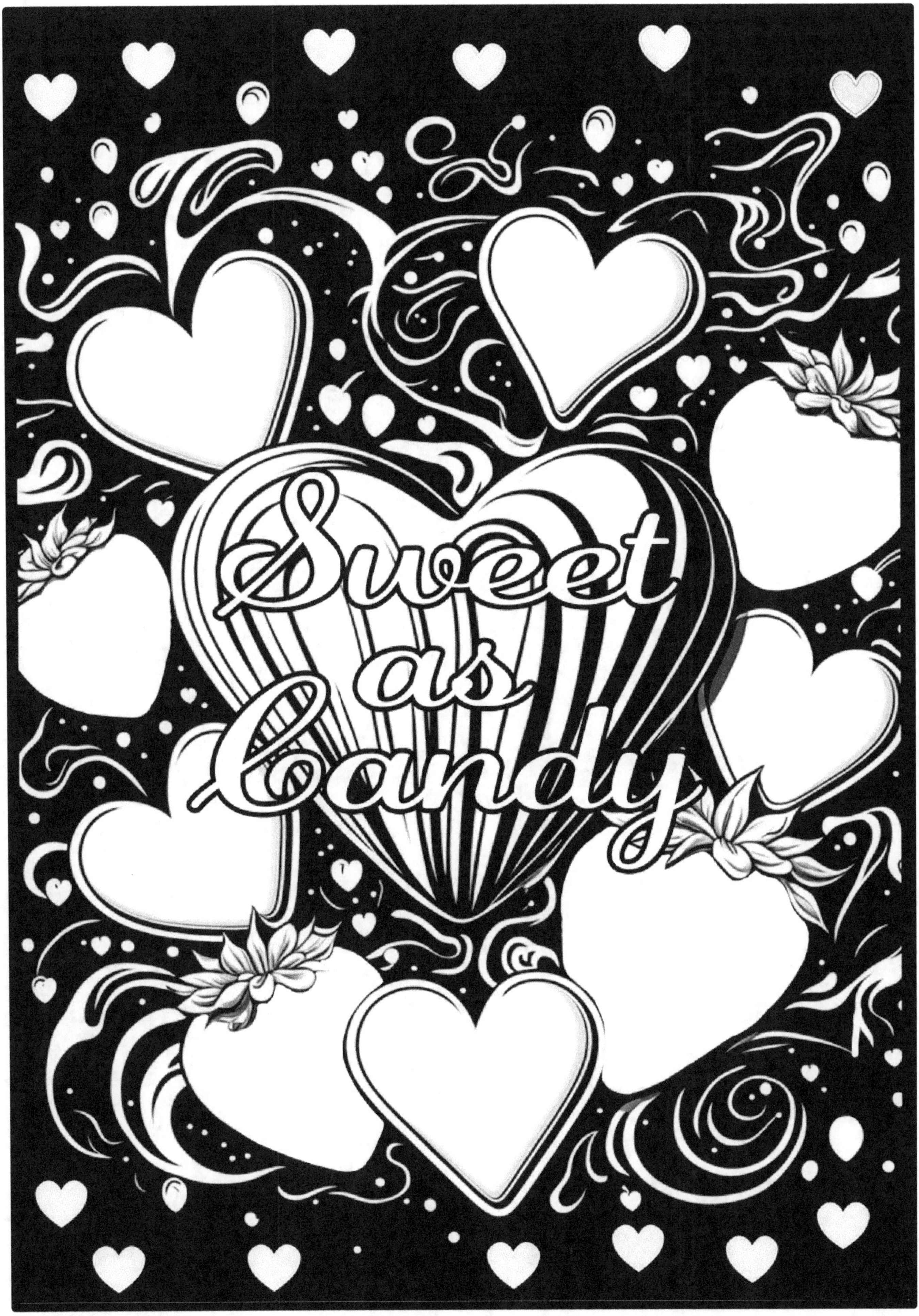
Sweet
as
Candy

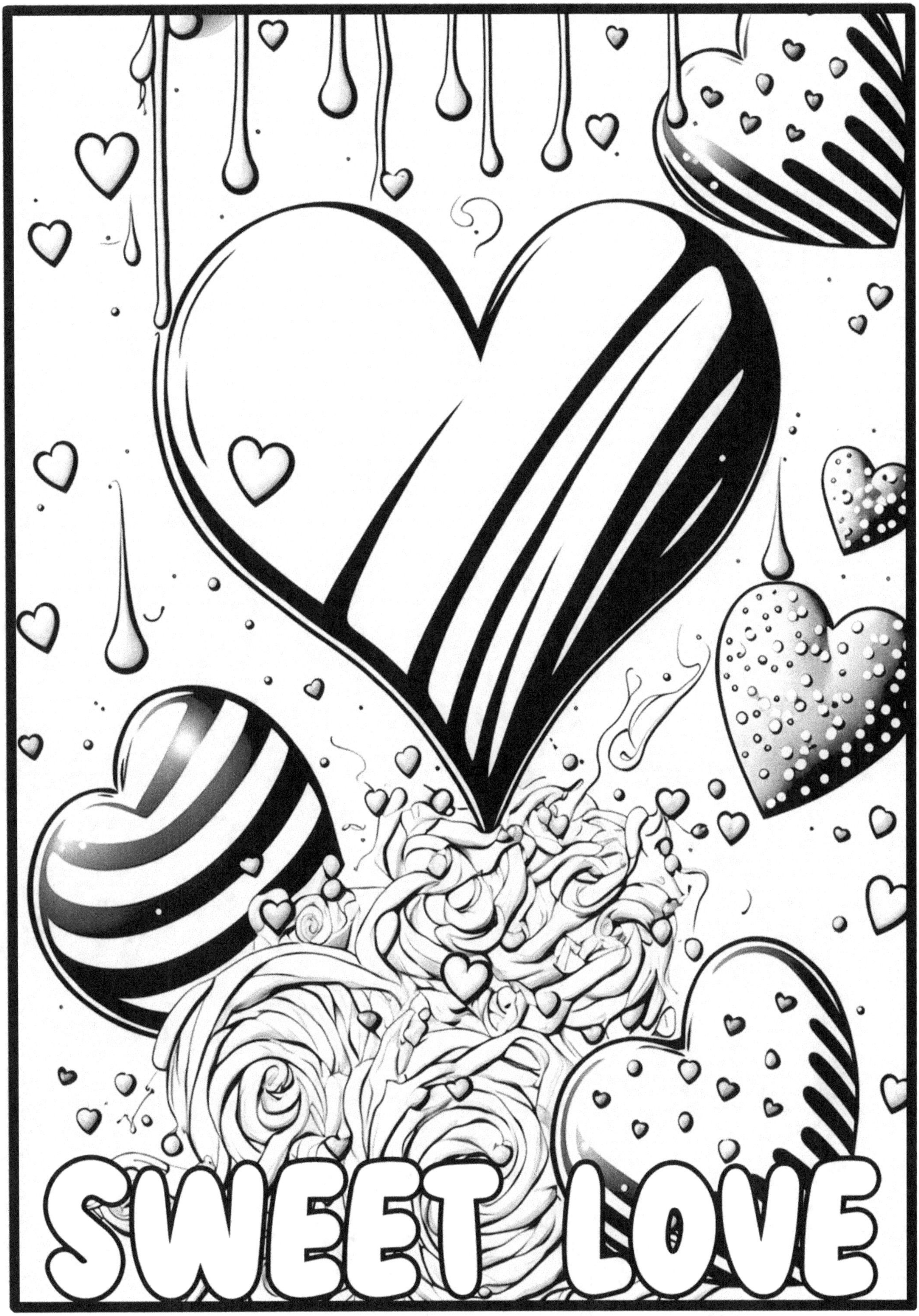
SWEET LOVE

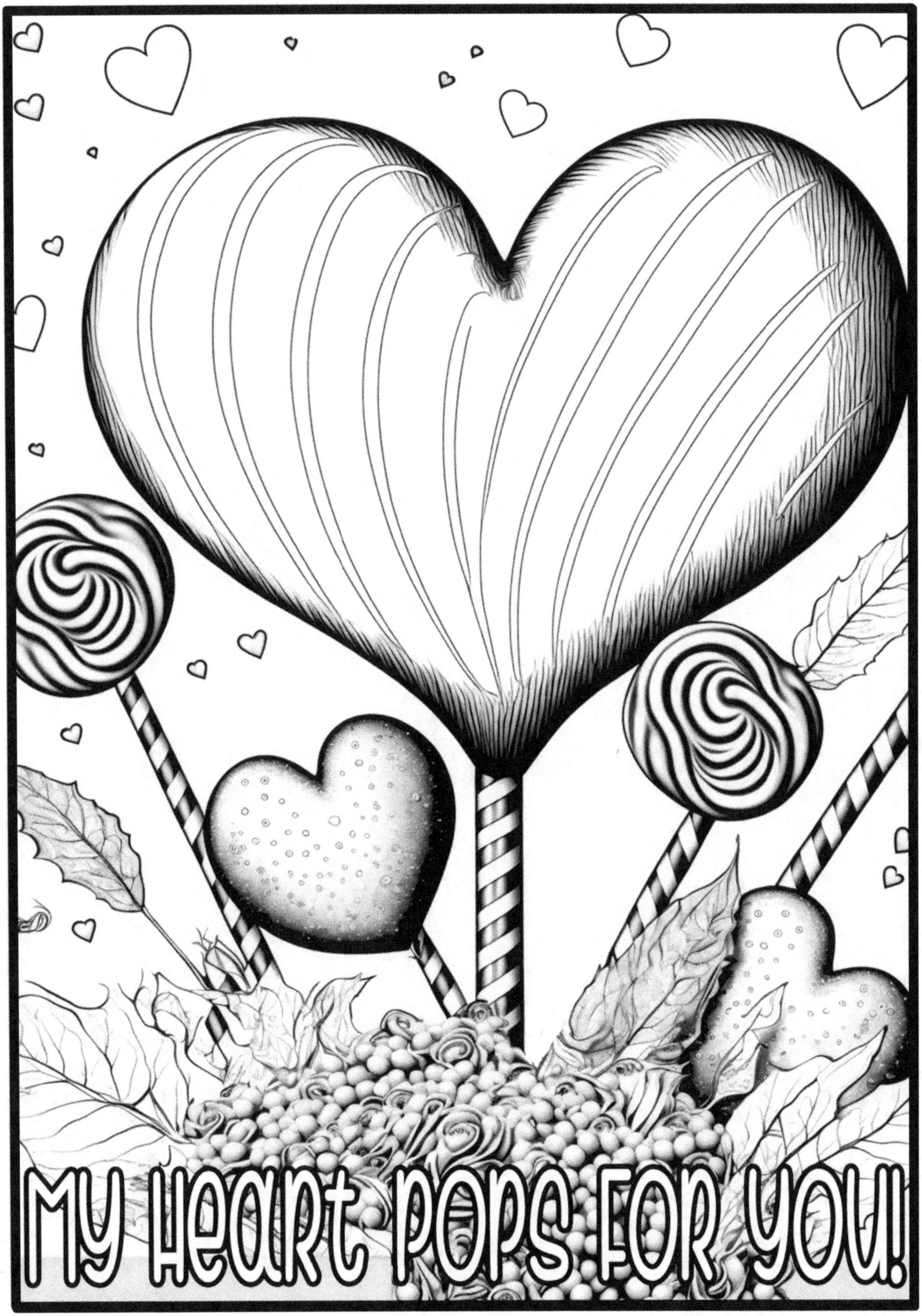
My Heart Pops For You!

Be Mine

www.ingramcontent.com/pod-product-compliance
Lightning Source LLC
Chambersburg PA
CBHW081059240526
45465CB00025B/2763